W0216599

Inhalt

Einleitung

Die Definitionen, was den Begriff Kreativität anbelangt sind vielfältig. Das Wort Kreativität wird meistens mit bildenden oder darstellenden Künsten, wie Malerei, Musik oder Schauspiel in Verbindung gebracht, geht aber weit aus diesen Bereichen heraus, denn es ist die Fähigkeit durch Gedanken und Ideen etwas neues, originelles oder auch nützliches zu kreieren.
Jeder Mensch hat das Potenzial kreativ zu sein, es ist nur eine Frage der richtigen Perspektive und Technik.
Aber wie bringt man diese Prozesse in unserem Gehirn in Gang, um den kreativen Fluss zu fördern und in die Praxis umzusetzen?

Genau das will ich Ihnen in diesem Buch näher erläutern. Hier wird Ihnen gezeigt, wie Sie mit einfachen Tricks Ihre berufliche Karriere in Schwung bringen können und gleichzeitig auch im privaten Bereich Erfolge erzielen werden. Kreatives Schreiben ist genauso erlernbar wie Geige spielen oder Radfahren. Alles nur eine Frage der Übung. Hier können Sie kreative Einfälle im Spaziergang erlangen und steigern durch gezieltes Gehirnjogging Ihre Merkfähigkeit und Aufmerksamkeit. Ich werde Ihnen den Sitz der Kreativität in unserem Gehirn näher erläutern und hilfreiche Tipps liefern, um Kreativität in Ihren Alltag einzubauen.

Außerdem werden Sie sich nach dieser Lektüre nicht mehr vor dem Älter werden fürchten, denn trotz der typischen Alterserscheinungen, mit denen man ab einem bestimmten Punkt in seinem Leben rechnen muss, kann man seine mentalen Fähigkeiten, sowie seine kreative Ader beibehalten. Mit der richtigen Alltagsgestaltung können auch Sie noch mit über 70 Jahren Bedeutendes zum Weltgeschehen beitragen.

Woher kommt Kreativität?

Natürlich wäre es bestimmt einfacher daran festzuhalten, dass es einen konkreten Bereich in unserem Kopf gibt, der für unsere Kreativität zuständig ist, welcher lediglich mit einer metaphorischen Feder gekitzelt werden muss und schon sprudeln die Ideen nur so aus uns heraus. Enttäuschend oder glücklicherweise ist dieser Prozess etwas komplizierter und erfordert ein Zusammenspiel mehrerer hoch faszinierender Areale in unserem Oberstübchen.

Kreativität ist eine Ansammlung komplexer Aspekte und wird für verschiedene Prozesse benötigt. Für kreative Handlungen werden mehrere Bereiche im Gehirn aktiv, um erfolgreich umgesetzt zu werden. Der Frontallappen wird beispielsweise beim Problemlösen, Planen oder bei der Einschätzung der eigenen Kompetenzen verwendet. Des Weiteren beteiligen sich die Basalganglien an den kreativen Leistungen. Sie lösen die Ketten der

Hemmungen in unserem Kopf und vermeiden offensichtliche Denkmuster. So entsteht der Weg zum Unvorhersehbaren, also die Zielgerade zur Kreativität!

Linke oder rechte Hemisphäre – Wie denke Ich?

Sicherlich haben Sie schon einmal etwas von der linken und rechten Gehirnhälfte gehört. Beide Bereiche sind für unterschiedliche Funktionen verantwortlich und können ohne einander nicht richtig funktionieren.

Die linke Hemisphäre zum Beispiel, ist auf sprachliche Prozesse spezialisiert. Doch ohne die rechte Hälfte hätten wir keinen Zugang zur Sprachmelodie und zum Lesen zwischen den Zeilen, schlussendlich würde uns das gesamte Textverständnis schwer fallen.

Im Allgemeinen kann man sagen, dass die linke Gehirnhälfte für folgende Funktionen zuständig ist:

- Lesen und Rechnen
- Fokussieren auf eine Aufgabe
- Sprachvermögen
- Logisch-rationales Denken
- Details
- Usw.

Während die rechte Hemisphäre für diese Kompetenzen verantwortlich ist:

- Kreativität
- Neugier
- Spontanität
- Körpersprache
- Fantasie
- Wiedererkennung von Gesichtern
- Usw.

Grundsätzlich ist also die linke Gehirnhälfte für sprachliches, sowie rational-analytisches Denken zuständig. Wissenschaftler zum Beispiel benutzen häufiger die Linke Seite.
Während die rechte Seite uns beim kreativen und bildhaften Verständnis behilflich ist und uns Zugang zum Verständnis von Melodien und sprachlichen Stilmitteln verschafft, wie zum Beispiel Metaphern oder rhetorischen Fragen.
Künstler arbeiten viel mit der rechten Hemisphäre.

Doch wer nun glaubt, bei sich selbst eine intensive Rechtsneigung festzustellen und dabei gleichzeitig eine geringe Linksaktivität vermutet, der irrt sich! Trotz persönlicher Neigung gibt es keine wissenschaftlichen Belege dafür, dass die unbeliebtere Gehirnhälfte eine Inaktivität aufweist.

Kreativität in der Vergangenheit – Kurze Geschichten über große Erfolge

Kreatives Schaffen gehört zum Alltag des Menschen. Es steckt in jedem von uns und den Beweis, dass es nicht unmöglich ist, liefern uns die vergangenen Jahrzehnte, welche uns heute zum Zeitalter der Technologie machen. In nicht weit entfernter Zukunft wird künstliche Intelligenz nicht mehr rational und logisch, sondern auch emotional und empathisch reagieren können. Roboter die Weltmeister im Schach schlagen, werden bald schon als realistische (Sexual-)Partner eingesetzt werden und Roboter lassen sich alleine durch Gedankenkraft steuern. Taxis, Busse und sogar U-Bahnen werden uns ohne Fahrer von A nach B bringen können und unsere körperliche Gesundheit wird uns nicht mehr von Ärzten, sondern von Maschinen mitgeteilt. All diese Erfindungen sind nichts weiter als Ideen die es geschafft haben, umgesetzt zu werden. Theorie und Praxis auf einen Blick!

Im folgenden Kapitel demonstriere ich Ihnen zwei sehr simple Geschichten über besondere Menschen, die Weltbewegendes geschaffen haben. Ohne diese beiden Entdeckungen wären wir nicht da, wo wir heute stehen.

Kreativität besitzt kein Mindestalter!

Die erste Geschichte handelt vom kleinen Edmond und einem ganz besonderen Gewürz, welches in keinem Durchschnittshaushalt fehlen darf. Die Vanilleschote.
Dazu müssen wir in der Geschichte ins 19. Jahrhundert zurückspringen und reisen auf die Insel Réunion, situiert im Indischen Ozean, welche die Heimat des kleinen Edmond darstellte und als Geburtsort der europäischen Vanille in die Geschichte einging.

Früher galt Vanille noch als absolutes Luxusgut. Nur König und Adel konnte es sich leisten, da es in Europa kaum erhältlich war und aus Mexiko importiert werden musste.
Edmond wurde im Jahr 1829 in Saint-Suzanne auf der Insel Réunion, die damals Bourbon hieß, geboren. Seine Mutter starb kurz nach der Geburt, sein Vater war nicht bekannt. Edmond war schwarz, Waise und außerdem ein Sklave. Nur wenige Jahre nach seiner Geburt wurde er an einen Plantagenbesitzer weitergereicht, der außer Obst- und Gemüsesorten auch noch Kletterorchideen, (heute bekannt als Vanille dank des französischen Botanikers Charles Plumier) besaß. Leider galt die Kletterorchidee auf Réunion als ertragslose Pflanze, da sie sehr selten blühte und nie Früchte trug.

Doch eines Morgens, gegen Ende des Jahres 1841 erblickten nach 20 unfruchtbaren Jahren die ersten zwei grünen Vanillekapseln das Licht der Welt.
Der Plantagenbesitzer war erstaunt, doch noch mehr wunderte ihn die Behauptung seines 12

jährigen Sklaven, der felsenfest davon überzeugt war, dass dieses Wunder ihm zuzuschreiben sei, denn er habe die Pflanzen eigenhändig befruchtet. Edmonds Besitzer war anfangs skeptisch und konnte es erst glauben, als nach mehreren Tagen weitere Vanilleschoten an den Ranken hingen. Der Sklave demonstrierte den Vorgang der Befruchtung, welcher später als *le geste d´Edmond* (Edmonds Handgriff) bekannt wurde.

Durch seine Entdeckung zeigte er auch den Sklaven der umliegenden Plantagen die Bestäubung und brachte der Insel nach 10 Jahren bereits 200 Tonnen Vanille ein.

Heute, fast 200 Jahre später, verdanken wir Edmonds Vanilleschotenbefruchtung Ertragszahlen, die sich im täglichen Millionenbereich abspielen und für Getränke- und Speiseeisunternehmen ein unverzichtbares Gut darstellt.

Vanille ist neben Safran, eines der teuersten Gewürze der Welt.

Vor Edmonds Entdeckung gab es Vanille nur in

Mexiko, Hunderte Europäer wagten sich an die Versuch Vanille zu befruchten, alle scheiterten. Nur Edmond nicht, ein 12 Jähriger Sklave, der durch seine Entdeckung Freiheit und Ansehen erlangte.

Die Gefahr des Aufgebens

Nicht jede Idee oder Entdeckung wird mit solch offenen Händen begrüßt, wie die Vanilleschote. Oftmals wird man von außen für sein Schaffen kritisiert und die Idee wird abgelehnt. Erfinderisch zu sein bedeutet nicht immer erfolgreich zu sein. Doch wer hartnäckig bleibt, und sich nicht aus dem Ideengarten verabschiedet, wird eines Tages den Durchbruch erlangen und Weltbewegendes schaffen.

Das bringt uns zur nächsten Geschichte eines aufmerksamen Mannes, dessen avantgardistische Entdeckung auf knallharte Ablehnung stieß und sein Leben ruinierte.

Selbes Jahrhundert, anderes Land. Die Geschichte

spielte sich in einem Wiener Allgemeinkrankenhaus im Jahre 1846 ab, welches aus unerklärlichen Gründen eine starke Mutter-Kind Sterblichkeit aufwies. Das Rätselhafte daran war, dass die Sterblichkeit nur in einem Abteil des Krankenhauses stattfand, indem die Ärzte selbst die Kinder zur Welt brachten. Im anderen Trakt wurde die Geburtenhilfe von Hebammen geleistet. Das Warten und die Angst vor dem Todestrakt, trieb die Frauen letzten Endes auf die Straße, da diese lieber das Kind auf dem Boden zur Welt brachten, als im besagten Todestrakt.

Das Wiener Krankenhaus galt nebenbei als Lehrstation, in der Ärzte ihr Handwerk an Leichen erlernten. Sie hantierten einerseits an den Verstorbenen, andererseits wiederum brachten sie mit denselben Händen anschließend ein Kind zur Welt.

Der ungarische Arzt Ignaz Semmelweis, der selbst Angestellter des Wiener Krankenhauses war, stellte die Vermutung auf, dass feinste Partikel des

Leichnams sich an den Händen und unter den Fingernägeln festsetzen und so den Kindstod auslösen würden.
Er forderte seine Kollegen auf, sich nach dem Sezieren die Hände zu waschen, bevor sie Kinder zur Welt brachten, und konnte diese auch einige Zeit davon überzeugen.
Daraus folgte, dass die Sterblichkeitsrate nach wenigen Monaten signifikant zurückging und schließlich bei null lag.

Doch dieses neue Vorhaben stoß bei Semmelweis Kritikern auf heftigen Widerstand. Warum sollte ein Arzt, der doch die Hände eines ehrenwerten Mannes besaß, sich plötzlich die Hände waschen? Früher war man fest davon überzeugt, dass Ärztehände keine Krankheiten übertragen können und sie selbst waren sehr stolz auf jeden einzelnen Blutfleck auf ihrem Kittel, weswegen diese auch nie gewaschen wurden.

Die lebensrettenden Umstände im Wiener Krankenhaus reichten den Kollegen als Beweis nicht aus und der Grund, warum ein Arzt sich plötzlich die Hände waschen sollte, konnte Semmelweis leider nicht experimentell beweisen. Er wusste, dass es so war, aber nicht warum. Deshalb wurde seine Händewaschtheorie wieder verworfen, Ignaz verlor seinen Job und wurde durch einen Hinterhalt in eine psychiatrische Anstalt eingeliefert, in der er wenige Wochen später verstarb.

Diese Geschichte ist der Beweis dafür, dass einfache Entdeckungen, wie Händewaschen, schon auf Ablehnung und starke Kritik stoßen können. Wer etwas auf der Welt verändern möchte, muss damit rechnen, mit seinen Kritikern eine erbarmungslose Schlacht zu führen. Wichtig dabei ist, sich auch bei gescheitertem Versuchen, nicht von seinem Vorhaben zu verabschieden – wer nicht wagt, der nicht gewinnt!

Doch warum waschen und desinfizieren sich heute die Ärzte trotzdem ihre Hände, bevor sie ihre Patienten anfassen?
Der Franzose Louis Pasteur griff Semmelweis Theorie auf und konnte es mittels gut organisierter Experimente beweisen, dass sich toxische Bakterien an den Händen festsetzen. Im Gegensatz zu Ignaz Semmelweis war Pasteur auf Ablehnung von außen vorbereitet. Er blieb hartnäckig und stark, weshalb er sich schließlich durchsetzen konnte.

Die ersten Schritte

Kreativität kann entwickelt und durch verschiedene Techniken ausgebaut werden. Wichtig ist, die richtige Einstellung zu haben.

Jeder Mensch trägt Kreativität in sich und hat neue oder ausgefallene Ideen. Wir zeigen Ihnen hier einige wichtige Schritte, wie Sie Ihrem Gehirn diese entlocken können.

Glauben Sie an sich und schmeißen Sie die Zweifel beiseite

Es sind oftmals die eigenen Zweifel, die viele Menschen im Glauben lassen, selbst nicht kreativ sein zu können, etwas nicht zu schaffen oder zu versagen.

Dementsprechend ist der erste und wichtigste Schritt sich dazu zu entschließen, die kreativen Prozesse in seinem Gehirn zu starten. Glauben Sie an sich und lassen Sie sich auch von ersten Niederschlägen nicht unterkriegen.

Lassen Sie sich im Alltag inspirieren und seien Sie neugierig

Neugierde ist ein wichtiger Aspekt der Kreativität. Neue Informationen zu sammeln, sich stetig weiterzubilden und sich und seine Umwelt aktiv wahrnehmen sind wichtige Schlüsselpunkte um den kreativen Gang zum Starten zu bringen. Nutzen Sie all die Eindrücke als Rohmaterial für Ihre eigenen Denkprozesse, die Sie dann Stück für Stück verarbeiten und dadurch etwas Neues schaffen können. Zum Thema Neugier am Arbeitsplatz kommen wir in einem späteren Kapitel noch einmal zurück.

Erweitern Sie die Definition von Kreativität

Kreativität soll nicht auf Poesie, Gesang und bildende Künste reduziert werden. Humor, Eloquenz oder Lösungen für kniffelige Probleme zu finden, sind genauso ein Teil der Kreativität und den darstellenden Künsten ebenbürtig. Befreien Sie die Kreativität vom Klischee und erweitern Sie Ihren Definitionsspielraum.

Nutzen Sie Ihre Emotionen

Viele Künstler haben ihre Werke aus emotionalen Tiefschlägen heraus entwickelt. Nehmen Sie Ihre Gefühle aktiv wahr, reflektieren Sie sie und versuchen Sie aus ihnen heraus etwas zu erschaffen. Dafür braucht es im Übrigen nicht zwingend negative Gefühle. Kreative Werke können auch positive Momente und glückliche Erlebnisse reflektieren und widerspiegeln.

Suchen Sie Kurse, die zu Ihnen passen

Wollten Sie schon immer mal auf der Bühne bei einem Theaterstück stehen oder endlich mal mit Aquarell malen? Vielleicht sind Sie aber auch eine echte Leseratte und möchten Ihre Gedanken und Interpretationen über die Bücher, die Sie gelesen haben mit anderen teilen?

Ein guter Weg so etwas zu tun ist sich Kurse für seine Interessen zu suchen. Schauen Sie sich um, ob es in der Gegend nicht genau das Richtige für Sie gibt. In solchen Kursen haben Sie zudem die Möglichkeit, sich mit Gleichgesinnten auszutauschen und sich von diesen inspirieren zu lassen.

Mein persönlicher Tipp: Verstellen Sie sich nicht! Es gibt genügend Menschen auf dieser Welt, die ihr Leben lang mit einer Maske herumrennen. An oberster Stelle sind für diese Personen Macht und Ansehen, während zwischenmenschliche Aspekte in Vergessenheit geraten und keine Authentizität mehr vorhanden ist. Kreativität ist kein Gesetz und auch keine Formel, es besteht aus einem hohen Grad an Leidenschaft. Wer sich mit seinen Werken und Projekten zu 100 % identifizieren kann, wird es gut machen und es wiederum nach außen widerspiegeln, ohne großen Aufwand zu betreiben.

Machen Sie sich die Digitalisierung zu nutzen und gehen Sie mit der Zeit. Vielleicht wäre es sogar von Vorteil, einen eigenen Blog zu erstellen, um seine Anhänger am Laufenden zu halten. Im Gegensatz zu Instagram und Facebook trägt ein Blog Ihre persönliche Note. Eine ganze Seite für sich zu haben, wo man sich in verschiedenen Bereichen wie zum Beispiel Design, Formatierung und Schreiben austoben und seine Kompetenzen mit anderen teilen kann. Der Kreativität im Internet sind keine Grenzen gesetzt!

Erschaffen Sie Ihren kreativen Raum

Da jeder Mensch Kreativität in sich trägt, ist es manchmal vielleicht auch nur die Frage der richtigen Umgebung, in der man seine Gedanken, Gefühle und Ideen frei ausleben kann. Wenn Sie das Gefühl haben, sich nirgendwo richtig austoben zu können, dann erschaffen Sie sich Ihren eigenen kreativen Raum, indem Sie sich sicher und wohlfühlen. Haben Sie besagten Ort gefunden, kann sich Ihre Kreativität frei entfalten. Das kann zum Beispiel Ihr Wohnzimmer sein, indem Sie sich eine kleine kreative Ecke einrichten oder ein anderer Ort an dem Sie wissen, dass Sie hier alles nach außen tragen können, ohne dabei gestört zu werden.

Lesen Sie Bücher

Zum einen können Ihnen Bücher, also Romane oder Novellen dabei helfen, sich in die Geschichten der Autoren hineinzudenken und erweitern somit Ihren kreativen Horizont und Ihre Vorstellungskraft. Zum anderen können Sie durch neue Informationen, die nötigen Anreize für neue Ideen finden, die Sie für Ihr Projekt benötigen. Lesen schult nicht nur die grammatikalische Korrektheit, sondern erweitert auch Ihren Wortschatz und so können Sie nicht nur bei der Entwicklung Ihres Projektes punkten, sondern erhalten auch einen positiven Beigeschmack bei der Präsentation Ihrer Ideen!

Achtsam durch den Alltag

Die Routine des Alltags macht uns oft blind für Ungewöhnliches. Private und berufliche Probleme halten uns so sehr gefesselt, dass wir den Dingen und Menschen um uns herum keine Aufmerksamkeit mehr schenken. Versuchen Sie, Ihre Gedanken für einen Moment lang beiseite zu schieben und halten Sie Ausschau nach etwas Neuem. Etwas, dass sich aus der grauen Masse abhebt, sei es ein spezieller Kleidungsstil oder ein ungewöhnlicher Haarschnitt, lassen Sie sich von solchen Menschen ruhig inspirieren.

Da wir in einer Zeit der Individualisierung leben, genießt auch die Körperkunst des Tätowierens und des Piercings einer immer stärkeren Beliebtheit. Verständlich, denn jedes einzelne Tattoo hebt uns von der fleischigen Masse ab. Wir repräsentieren und in Körperbildchen, die von politischer Überzeugung bis hin zu Spiritualität und privaten Geschichten reichen.

Treten Sie aus Ihrem gewohnten Verhaltenskreis aus und äußern Sie ruhig öfters Ihre Meinung. Stellen Sie bewusst Fragen und hören Sie Ihrem Gegenüber genau zu. Auch richtiges Zuhören ist eine Kunst und sollte von jedem gelernt und ausgeübt werden. Man erkennt, wenn jemand innerlich weint, auch wenn er uns von außen glücklich erscheint. Wir lernen es, zwischen den Zeilen zu lesen.

Machen Sie sich Notizen, was Sie am heutigen Tag am meisten fasziniert hat. War es ein Satz ihres Liebsten, der Sie besonders bewegt hat oder eine Idee, die Ihnen besonders gut gefallen hat? Beobachten Sie Ihre Interessen und achten Sie darauf, was Sie am stärksten begeistert. Schieben Sie diese Erkenntnis nicht sofort wieder beiseite, sondern gehen Sie ihr auf den Grund. Bauen Sie dieses Interesse weiter aus und nutzen Sie die Energien, die Ihnen zur Verfügung stehen.

Wir müssen anfangen, die Welt aus einem anderen Blickwinkel zu betrachten. Wenn Sie damit beginnen, die ersten Knospen am Baum bewusst wahrzunehmen und sich an einem Kinderlächeln erfreuen können, dann sind Sie am besten Weg zu einem kreativen und schöpferischen Leben.

Kreativität in der Gesellschaft

Oberflächlich betrachtet gibt es bestimmte Kriterien, die eine Idee als kreative Leistung einstuft. Sie darf zum Beispiel noch nicht existieren, muss außergewöhnlich sein, seine Kritiker überzeugen, soll gleichzeitig Antworten auf verschiedene Problemstellungen liefern und als Lösung fungieren, sowie neue Denkansätze für Wissensgebiete liefern. Kreative Leistungen müssen sich durchsetzen und beweisen können.

Doch wovon hängt nun kreatives Schaffen ab? Ist es die Gesellschaft, die einem zum Erfinder des Jahrhunderts kürt wie Thomas Edison oder Bill Gates? Sind es meine Follower auf Twitter, Facebook und Co., die mich als kreatives Genie auszeichnen, da ich pro Tweet oder Instagram Bild mehr als 10.000 Likes einheimse? Obliegt die Entscheidung vielleicht mir selbst?
Hierzu gehen die Meinungen wieder stark

auseinander. Was für die einen eine wahre Bereicherung darstellt, ist für andere vielleicht schrottreif.
Dazu ein Beispiel einer Idee, welche eine Revolution für die Bürokratie darstellte.

Die Erfindung wurde im Jahre 1866 von dem Südtiroler Peter Mitterhofer ins Leben gerufen. Es war die Schreibmaschine.
Überzeugt von seiner Entdeckung machte sich der Mann zu Fuß und gesattelt mit der hölzernen Schreibmaschine auf den Weg nach Wien, in die Hauptstadt der damaligen Donaumonarchie, um sie dem Kaiser von Österreich-Ungarn zu präsentieren. Aufgrund einer Niederlage im Kampfe gegen Preußen war der kaiserliche Hof blind vor Kränkung und nicht angetan von Mitterhofer's Meisterwerk. Höfische Gutachter sahen die Maschine als keine wirkliche Zeitersparnis und wickelten die bürokratischen Arbeiten lieber mit altmodischem Stift und Papier ab.

Mit einer Abfindung von 200 Gulden wurde Mitterhofer für seine Mühen belohnt, Anerkennung seitens des Kaisers bekam er jedoch keine.

1874 gelang der Schreibmaschine dann doch noch der Durchbruch. Aber nicht in Österreich-Ungarn, sondern in den USA. Dort sah eine ehemalige Waffenfirma ihre Gelegenheit und griff die Idee auf. Das Geschäft boomte.

Heute bevorzugen noch einige Autoren und auch Sänger die „Underwood“ Schreibmaschine und verfassen ihre Werke auf dieser.

Und Mitterhofer? Ihm zu Ehren wurde ein Museum in seinem Heimatort errichtet, in dem man seine Schreibmaschinen und dessen Optimierungen betrachten kann.

Fazit

Eine Gesellschaft ohne Kreativität wäre eintönig und langweilig. Innovation wird ständig gefragt, früher schon und heute sogar noch mehr. Museen wären nie entstanden, atemberaubende Malereien an den Wänden von Kirchen, sowie deren beeindruckende Baustile wären unserem Auge verborgen geblieben und ohne technische Revolutionen würden wir wohl heute noch mit Rauchzeichen kommunizieren.

Würden neue und ungewöhnliche Ideen ständig nur auf taube Ohren stoßen, so wie es bei der Schreibmaschine war, würde unsere Gesellschaft stagnieren.

Eine Idee wäre ohne gesellschaftliche Bewertung nur ein Tropfen auf einem Stein, der früher oder später einfach wieder verdampfen würde. Nur steter Tropfen höhlt den Stein. Ausschließlich die subjektive Meinung der Gruppe kann einer Idee Leben einhauchen, oder den kreativen Tod bedeuten, doch ohne Erfindergeist würde eine Gemeinschaft nicht so existieren können, wie wir sie heute kennen.

Tipps für mehr Kreativität im Alltag

Es gibt viele verschiedene Möglichkeiten Kreativität im Alltag einzubauen und auszuleben. Anbei zeige ich Ihnen einige sehr einfache Tipps, die sich leicht in die Routine integrieren lassen, nicht besonders zeitaufwendig sind und trotzdem die Kreativität fördert.

Führen Sie Tagebuch oder Sketchbook

Hier ist es egal, ob Sie ein Tagebuch führen möchten, in dem Sie Erfahrungen, Emotionen und Ideen sammeln oder ein Sketchbook führen, dass Sie unter anderem auch für Brainstorming und Mind-Maps nutzen können.

Kaufen Sie am besten ein kleines handliches Heft, das Sie gut mit sich herum tragen können. Sie können es immer herausholen, wenn Sie gerade auf jemanden warten, Ihnen langweilig ist oder Sie den Drang verspüren, etwas aus Ihrem Alltag zu zeichnen. Es kann zu Ihrem Begleiter werden, in dem Sie Ihre kreativen Schübe niederschreiben oder skizzieren.

Zeichnen oder schreiben Sie einfach drauf los

Auch wenn Sie anfangs noch der Ansicht sind, dass Ihre Gedanken zu einem Bild oder einer Geschichte noch sehr oberflächlich und vage sind, dürfen Sie den Stift nicht gleich beiseitelegen. Möglicherweise landen Ihre ersten Arbeiten wieder im Müll, doch auch erfolgreiche Autoren wie zum Beispiel der österreichische Kinderbuchautor Thomas Brezina, welcher ebenfalls sein erstes Werk wieder verwarf, können von solch einem Szenario ein Lied singen. Durch das Schreiben werden Sie laufend auf neue Gedanken und Ideen kommen und so Ihre Fähigkeiten verbessern. Sie werden zu Einsichten gelangen und ein Potenzial entfalten, von dem Sie zuvor nichts wussten.

Dekorieren Sie Ihren Arbeitsplatz

Kreativität ist am Arbeitsplatz besonders wichtig, denn er ist neben unserem zu Hause der Ort, an dem wir uns am häufigsten aufhalten. Dabei sollte der Wohlfühlfaktor so hoch wie nur möglich sein. Männer und Frauen unterscheiden sich in Bezug auf das Dekorieren des eigenen Reiches in vielerlei Hinsicht. Während Frauen eher dazu tendieren, ihre persönlichen Gegenstände wie Fotos und kleine Geschenke aufzustellen, möchten Männer lieber sich selbst und ihre Leistungen präsentieren und dekorieren ihren Platz mit Pokalen, Auszeichnungen und Abschlüssen.

Was die Kreativität betrifft, haben Unternehmen, darunter auch der Internetgigant Google, schon einiges ausprobiert, damit ihre Mitarbeiter weniger versteift wirken und ihre innovative Seite zum Vorschein kommen kann. Farben wie beispielsweise Blau können als Motivation dienen, während Rosa mit der Kindheit in Verbindung gebracht wird und manchmal kontraproduktive Auswirkungen auf die Leistung haben kann.

Außerdem können duftende Blumen oder abstrakte Bilder bei der Ideenfindung helfen und eine schöne Aussicht aus dem Fenster Stress mindernd und beruhigend wirken.

Falls Ihr Büro sich jedoch in einer Großstadt befindet und gleich neben einer dicht befahrenen Straße situiert ist, rate ich Ihnen dazu, sich in Zukunft Kopfhörer mitzunehmen, um während der Arbeit Musik zu hören. Studien haben nämlich bestätigt, dass Dauerlärm wie zum Beispiel von fahrenden und hupenden Autos sowie Baustellenarbeiten, welche zu den typischen Großstadtgeräuschen zählen, sich auf den Stresspegel auswirken und schneller zu Depressionen und Burnouts führen.

Inwiefern sich Musik auf Ihre Kreativität auswirken kann, erfahren Sie noch in diesem Kapitel.

Des Weiteren eignen sich für die Kreativität besonders gut kleine Spielsachen auf dem

Bürotisch, zum Beispiel Legosteine. Dieser Trick hilft vor allem jenen Mitarbeitern, die ihre kreativen Ideen mithilfe von Computern umsetzen müssen. Etwas Plastisches in der Hand zu haben, gibt hierbei den perfekten Ausgleich zur Tastaturarbeit und regt sensorische Prozesse im Gehirn an.

Allerdings hat nicht jeder Mitarbeiter ein Bestimmungsrecht über das Dekorieren seines Arbeitsplatzes. Diese Mitarbeiter sollten zumindest einen Ort im Unternehmen haben, welcher ihr kreatives Schöpfen fördert. Die Cafeteria oder auch der Pausenraum führt die Mitarbeiter zusammen und sollten durch die richtige Gestaltung den Ideen- und Informationsaustausch fördern. Soziale Orte sind wichtig sowohl für die Kreativität als auch für die Zufriedenheit des Mitarbeiters.

Weitere Aspekte zum Thema „Kreativität am Arbeitsplatz“ finden Sie in einem späteren Kapitel.

Der 30-Kreise-Test

Dieser Test regt Ihre Reaktionsfähigkeit und Kreativität an. Der Test ist ganz einfach und kann auch jede Menge Spaß machen.

So funktioniert's:

- Zeichnen Sie 30 Kreise auf ein Blatt Papier.

- Jetzt stellen Sie Ihren Alarm auf eine Minute

- Wenn die Zeit läuft, versuchen Sie so viele Zeichnungen in die vorgezeichneten Kreise zu malen, wie Sie können.

Zum Beispiel könnten Sie in einen Kreis eine Sonne zeichnen, in den nächsten eine Wolke usw.
Sie können den Test immer wiederholen und versuchen, in einer Minute mehr Zeichnungen in die Kreise zu malen.

Es hat sich durch Studien heraus gestellt, dass viele Leute Probleme hatten, in einer Minute alle 30 Kreise zu füllen, was vorrangig daran liegt, dass besonders Erwachsene sehr selbstkritisch sind und das Ziel vor Augen hatten, alle Kreise in Perfektion zu füllen, während Kinder diesen Test immer bestehen.

Bei diesem Test geht es nicht darum, super originell zu sein oder das Rad neu zu erfinden, sondern einzig und allein darum, alles was einem in den Kopf schießt, aufs Papier zu bringen. Es soll eine Übung für die weitere Kreativitätsfindung sein.

Musik als Kreativitätshelfer

„Don't worry be happy" lautete der weltbekannte Song von Bobby McFerrin. Zukünftig sollten Sie diesen und weitere fröhlich-motivierende Lieder während Ihres kreativen Schaffungsprozesses im Hintergrund laufen lassen. Es ist nämlich wissenschaftlich bewiesen, dass heitere Musik bei der Lösungs- und Ideenfindung helfen soll. Australische Forscher haben dies anhand klassischer Musik an 155 Teilnehmern

durchgeführt, bei der fünf Gruppen entweder entspannende, aufgeweckte, fröhliche, traurige oder schlichtweg keine Musik zu hören bekamen. Währenddessen soll sich jede Gruppe Verwendungszwecke für einen Backstein überlegen. Ergänzend wurde auch die Lösungsfindung für ein Problem mit Hilfe von Musik getestet.
Tatsächlich hatte die Gruppe mit der fröhlichen Musik die ausgefallensten Ideen. Wie und warum sich angenehme Musik auf unsere Kreativität auswirkt und warum traurige Musik dies nicht tut, wurde jedoch nicht getestet.

Versuchen Sie in Zukunft doch selbst einfach eine Musikrichtung zu finden, die Ihnen persönlich am besten zusagt und von der Sie glauben, dass sie Ihre Denkprozesse ankurbelt.

Kreieren Sie etwas mit Ihren Händen

Es wird Zeit, dass Stricken und Basteln ihren Ruf als Oma- und Kinderbeschäftigung verlieren!
Denn wer seine Freizeit mit solchen Aktivitäten verbringt, steigert seine Produktivität im Beruf. Nicht nur, dass Sie mit Stricken Ihrer Kreativität freien Lauf lassen können und Kleidungsstücke wie Bikinis und Mützen herstellen können, auch die Ausführung an sich kann sich schon Stress mindernd auf Ihre Psyche auswirken. Durch die Erholung und dem Gefühl der Selbstverwirklichung durch das Hobby hat man das Gefühl, seine Freiheit sinnvoll zu verbringen und kommt erholter in die Arbeit.
Regelmäßiges Stricken aktiviert außerdem dieselben Hirnareale, die bei Entspannungsübungen wie Yoga und Meditation ausgelöst werden. Außerdem fordert es die Beteiligung beider Gehirnhälften, da es unser logisches Denken beansprucht und unsere Kreativität gefragt wird.

Allerdings sind nicht alle Menschen begeisterte Stricker. Diesen rate ich dazu, sich mit Basteleien oder Malereien zu beschäftigen, da diese dieselben Effekte bewirken und die Produktivität steigern.

Mentale und körperliche Fitness

Dies ist ein Appell an alle Couchpotatoes und Workaholics, die ihren Schreibtisch nicht einmal zum Essen verlassen können: Wer rastet der rostet! Und damit meine ich sowohl geistig als auch körperlich. Mindestens ein 30-minütiger Spaziergang an der frischen Luft muss in einen regulären Arbeitstag integriert werden. Dabei können Sie sich für einen Moment entspannen und Ihre geistige Leistung für einen Moment anhalten. Genießen Sie die frische Luft und erfreuen Sie sich Ihrer Umgebung. Machen Sie das was Ihnen Spaß macht, wie zum Beispiel Rad fahren, Schwimmen oder Kickboxen – das Wichtigste ist, dass Sie in Bewegung sind. Spüren Sie, wie Sie körperlich an Ihre Grenzen stoßen, und powern Sie sich mal wieder so richtig aus. Dabei postuliere ich nicht, dass Sie sich abschinden bis zum Umfallen und nahe dem Exitus sind, sondern machen Sie die Erfahrung und lernen Sie ihre Grenzen kennen! Wer seinen Körper fit hält, wird auch seinen Geist vorm Alterungsprozess bewahren. Sport entspannt den Geist und regt dazu an, konzentrierter zu arbeiten und kreative Leistungen zu vollbringen.

Auch die Ernährung und das körperliche Wohlbefinden spielen eine wichtige Rolle, um sich mental besser konzentrieren zu können. Versuchen Sie, ungesunde Lebensmittel wie Fastfood und Limonade weitestgehend zu vermeiden. Eine australische Studie hat bewiesen, dass regelmäßiges Konsumieren von Fastfood den Hippocampus, welcher ein Seepferdchen ähnliches Gebilde in unserem Gehirn ist, schrumpft und somit schädlich für unser Gehirn ist. Salzige Lebensmittel, Soft Drinks die zum Großteil aus Zucker bestehen und industriell verarbeitetes Fleisch wirken sich auf die Größe des Gehirns aus und können die Gedächtnisleistung beeinträchtigen und den

Lernprozess erschweren.

Wer sich gesund und ausgewogen ernährt, fühlt sich besser, ist aktiver und demnach auch fitter im Kopf.

Achten Sie auf ausreichenden Schlaf

Generell gilt, dass jeder Mensch acht bis neun Stunden Schlaf benötigt. Einerseits dient der Schlaf der Regeneration des Körpers. Auf der anderen Seite verarbeiten wir Erlebtes und Gefühle während wir schlafen. Wer ausgeschlafen ist, fühlt sich besser und kann motiviert in den Tag starten. Wichtig dabei ist, seinen Schlafrhythmus zu finden. Die Theorie, dass vor Mitternacht der Mensch am besten schläft, wurde längst revidiert. Die erholsamsten Stunden finden gleich zu Beginn statt. Es zählt vor allem die Routine, denn wer es gewohnt ist, vor Mitternacht ins Bett zu gehen, wird die Stunden zwischen 22 Uhr und 24 Uhr am endspanntesten finden. Deshalb sollten auch

Nachteulen keine Probleme mit der Regeneration haben, wenn sie nach Mitternacht ins Bett gehen.

Tatsächlich können Sie den Schlaf auch zu Ihrem Gunsten nutzen und das Unterbewusstsein an der Problemlösung teilhaben lassen. Im Traum verarbeitet der Mensch 90 Prozent seiner Alltagserlebnisse, sicherlich haben auch Sie schon einmal von den Geschehnissen des Thrillers am Vorabend oder vom Streit mit Ihrem Partner geträumt.
Setzen Sie sich vor dem zu Bett gehen hin und betrachten Sie Ihre Aufgabe oder denken Sie an das Projekt, welches Sie gerade in der Firma bearbeiten. Schenken Sie ihm Ihre ungeteilte Aufmerksamkeit und legen Sie sich anschließend hin, Ihr Unterbewusstsein wird sich Ihrer Gedanken annehmen und möglicherweise wird Sie am nächsten Tag ja die Eingebung überkommen. Natürlich kann dafür nicht garantiert werden, denn vielleicht wird der Traum falsch gedeutet oder es handelt sich doch nur um eine triviale

Alltagsverarbeitung. Einfach am nächsten Abend noch einmal versuchen.

Im späteren Kapitel werden Sie sogar etwas darüber erfahren, wie man seine eigenen Träume steuern kann und wenn Sie Glück haben, werden Sie künftig Ihre Eingebungen und Ideen nur noch im Schlaf haben.

Gehen Sie unter Leute und lassen Sie sich inspirieren

Je nachdem was für ein Typ Mensch Sie sind, egal ob introvertiert oder extrovertiert, versuchen Sie unter Leute zu gehen, die Ihnen und Ihrer Kreativität gut tun. Damit meine ich jetzt nicht die erstbeste Gaststätte mit seinen stadtbekannten Stammgasttrinkern, sondern spezielle Anlässe, wie beispielsweise Partys oder Ausstellungen. Lassen Sie sich von Experten in einen neuen Bereich einführen und schließen Sie hilfreiche Bekanntschaften.

Kommunikation ist ein wichtiges Werkzeug zur Ankurbelung des kreativen Prozesses, besonders wenn man mit neuen Leuten redet. Großstädte bieten eine Vielzahl an Möglichkeiten, um neue Leute kennenzulernen. Es finden fast täglich neue und interessante Veranstaltungen statt, welche von Leuten besucht werden, die nur darauf warten, Kontakte zu knüpfen.

Visualisieren Sie Ihre Ziele

Der Mensch denkt überwiegend in Bildern. Gefühle spielen beim Denken eine wesentliche Rolle, denn sie sind es, die unsere Vorstellungen beeinflussen können. Gute Laune bringt gute Gedanken und Ideen, die die produktive Leistung während der Arbeit steigern können. Umgekehrt können verletzende Worte, zum Beispiel eines Kollegen, ein Trigger für Minderwertigkeitsgefühle sein und negative Bilder in unserem Kopf entstehen lassen, die unsere Stimmung senken und Unbehagen auslösen.

Stellen Sie sich Ihr Ziel als ein Bild vor. Wie sieht es aus? Welche Gefühle überkommen Sie bei diesem Gedanken?
Doch nicht nur das Hauptziel soll innerlich visualisiert werden. Jeder kleine Schritt in Richtung Ziel ist bedeutend. Machen Sie sich ein Bild davon, wie Sie mit Ihrer Aufgabe beginnen. Dann stellen Sie sich den nächsten Schritt vor und so weiter...
Einige Piloten beispielsweise nutzen die Macht der Visualisierung, um in Notsituationen richtig agieren zu können. Sie schreiben sich die Schritte, die sie zum richtigen Handeln benötigen auf und gehen diese regelmäßig im Kopf durch. Dadurch kann der Pilot, wenn es darauf ankommt, nicht nur schnell und richtig reagieren, sondern erlangt auch Selbstsicherheit in seinem Beruf.

In der Psychologie fällt das Visualisieren in die Kategorie der self-fullfilling prophecy zu Deutsch

selbsterfüllende Prophezeiung. Dabei verhält man sich gemäß der zu erwartenden Situation, die auch tatsächlich eintreten kann, denn unser Unterbewusstsein tendiert dazu, unsere Gedanken umzusetzen und aufgrund dessen verhalten wir uns auch so. Außerdem kann das Unterbewusstsein nicht zwischen Realität und unseren Gedanken unterscheiden.
Ein typisches Beispiel ist das Gefühl, man habe für einen Test nicht ausreichend gelernt und würde diesen sowieso in den Sand setzen. Durch die negative Denkblockade gibt man dann tatsächlich nicht sein bestes und siehe da – durchgefallen.
Aber nicht nur das eigene Handeln wird durch das Denken beeinflusst, sondern auch das Handeln und Denken der Menschen, zu denen man in engerem Kontakt steht.

Zum Schluss möchte ich Ihnen noch eine Übung als Einsteiger zum erfolgreichen Visualisieren zeigen: Nehmen Sie einen einfachen Gegenstand, wie beispielsweise eine brennende Kerze oder ein

Feuerzeug. Setzen Sie sich davor hin und betrachten Sie das Objekt für ein bis zwei Minuten. Achten Sie auf die Details wie das Flackern der Kerze oder auf das kleine Rad des Feuerzeugs. Schließen Sie anschließend die Augen und stellen Sie es sich vor, wie die Kerze in Ihrem inneren Auge entsteht. Öffnen Sie die Augen und vergleichen Sie Ihre Vorstellung mit der Realität. Gab es einen Unterschied oder haben Sie alle Einzelheiten richtig erfasst?

Die Übung sollte mehrmals mit komplexeren und detailreicheren Gegenständen wiederholt werden. Sie werden merken, dass die Übung sich in Ihrem Alltag bemerkbar machen wird und Sie werden Situationen und die Umgebung aufmerksamer wahrnehmen. Außerdem erleichtert es Ihre Vorstellungskraft in Bezug auf Ihre Ziele.

Methoden zur Steigerung der Kreativität

In diesem Kapitel wollen wir Ihnen einige Tricks und Übungen zeigen, die Sie anwenden können, um Ihre kreativen Prozesse im Gehirn zu stimulieren. Hierbei ist es aber egal, auf welche Art und Weise Sie Ihre Kreativität am Schluss ausleben wollen, die Tipps dienen lediglich als Anreiz.

Morgendliches Schreiben

Auch wenn ich das Thema Schreiben bereits angeschnitten habe, möchte ich dieser Form der Kreativitätssteigerung erneute Aufmerksamkeit widmen. Die Intention des kreativen Schreibens ist in erster Linie, neue Gedankenketten zu gewinnen und Erkenntnisse zu erlangen.
Die Aufgabe des morgendlichen Schreibens ist es jedoch, sich mental zu lockern und den Geist freizubekommen. Sehen Sie es als eine Art kreative

Meditation, und löschen Sie unnötige Gedanken von Ihrer Festplatte, um empfänglicher und achtsamer für die Geschehnisse und Abenteuer des Alltages zu werden.
Vielleicht beginnen Sie ab jetzt sogar Ihre Träume regelmäßig zu dokumentieren, denn dadurch erlangen Sie möglicherweise wichtige Erkenntnisse über sich selbst. Nicht umsonst haben die großen Psychologieikonen Sigmund Freud und Carl Gustav Jung dem Thema Traumdeutung eine so große Beachtung geschenkt. Durch unsere Träume können wir vieles über uns selbst erfahren. Ängste, Ziele, Hoffnungen oder auch Fantasien, letzten Endes können wir im Traum die Person sein, die wir in der Realität gerne sein möchten.

Möglicherweise motiviert Sie das Traumtagebuch dazu, eine neue Kunst zu erlernen – die des Klarträumens.
Klarträumen oder auch Lucid Dreams genannt, ist eine spezielle Form des Träumens, bei dem der sich im Schlaf Befindende die Oberhand über den

Verlauf seiner Träume erlangt und diese bewusst steuern kann.
Ein klassisches Szenario von Klarträumern ist das Fliegen. Vogelfrei zu sein und die Welt aus einer anderen Perspektive zu sehen sind klassische Eigenschaften für kreative Menschen.
Also machen Sie sich daran, eine neue Kunst des Träumens zu erlernen und lassen Sie sich in Zukunft im Schlaf beflügeln.

Freie Assoziationen

Diese Methode wird vorrangig für Problemlösungen angewendet. Stehen Sie gerade vor einem Problem oder wissen nicht, wie Sie einen Fehler korrigieren können?

Dann versuchen Sie das Problem aus der Distanz mithilfe der freien Assoziation zu betrachten.
Nehmen Sie dafür ein Blatt Papier zur Hand und zeichnen Sie eine Art Mind Map. Sie können dasselbe natürlich auch am PC oder mithilfe eines

Flipcharts gestalten. Sammeln Sie einfach alle Begriffe, die Ihnen zu dem Thema oder dem Problem einfallen. Wenn Sie damit fertig sind, haben Sie vielleicht schon die Lösung zu der Problematik gefunden.

Verwandt mit der freien Assoziationsmethode ist die sogenannte Osborn-Methode. Sie basiert auf einer Reihe von Fragen, die Sie zu einem Thema stellen, durch die neue Ideen und Lösungswege gefunden werden sollen.

Perspektivenwechsel

Eine bewährte Methode bei Denkblockaden ist der Wechsel der eigenen Perspektive anhand einer Rückwärtsanalyse. Hier gehen Sie nicht das eigentliche Symptom, also die Denkblockade direkt an, sondern säumen das Pferd von hinten auf, indem Sie von der Vergangenheit in die Zukunft analysieren.

Die Walt Disney Methode

Wie der Name schon sagt, geht diese Übung zur Kreativitätssteigerung wirklich auf den

Schöpfer von Donald Duck, Mickey Mouse & Co. zurück.

Hierzu schlüpft man in drei verschiedene Rollen:

1. Die Rolle des Träumers

Der Träumer denkt chaotisch, lässt sich selbst treiben und sich nicht durch Regeln oder Konformen einschränken.

2. Der Realist

Der Realist geht pragmatisch an die Sache heran. Er greift die Visionen und Ideen des Träumers auf und versucht durch logische Schlussfolgerungen heraus zu finden, ob die Ideen des Träumers verwirklichbar sind.

3. Der Kritiker

Am Ende kommt der Kritiker mit ins Spiel. Er hinterfragt, prüft und analysiert die Ergebnisse des Träumers und des Realisten und stellt kritische Fragen zu allen Belangen.

Danach wird der Prozess nochmals wiederholt. Der Kritiker gibt die Lösungsansätze an den Träumer, der wiederum gibt es dem Realisten.

Erst wenn sowohl der Realist davon überzeugt ist, dass das Projekt gelingen kann, der Kritiker keine offenen Fragen mehr hat und der Träumer seine Visionen realisiert sieht, liegt ein optimales Ergebnis vor.

Ziel dieser Übung ist, dass Sie sich selbst in diesen Rollen wiederfinden und sozusagen schon die Rollen der Außenwelt übernehmen.

Kindlich denken

Damit ist ganz einfach gemeint, dass man seine Gedanken, Perspektiven und Ansichten von der Voreingenommenheit befreit und sich von Traditionsdenken löst. Jeder Mensch hat eine Art Reset-Schalter, der es uns ermöglicht bereits bekannte Dinge mit neuen, kindlichen Augen zu sehen und diese in unseren kreativen Prozessen mit einzubinden.

Nutzen Sie Ihre Tagträume

Ein sehr erholsamer und einfacher Trick ist sich im Alltag einfach mal gehen zu lassen und sich vor seinem inneren Auge etwas vorzustellen. Lassen Sie sich auf Ihre Tagträume ein und machen Sie damit Ihren Kopf frei. Sich hier und da mal von den Sorgen und Pflichten des Alltags zu lösen ist gut und wichtig, um mehr Energie und Ausgeglichenheit zu erlagen.

Gehen Sie neue Wege

Wer stets in seinem alten Trott verbleibt, kann keine Kreativität finden. Versuchen Sie zum Beispiel das nächste Mal einen anderen Weg zur Arbeit zu gehen oder anstatt mit dem Lift, die Treppen hinauf zu steigen.

Wichtig ist, sich durch die neuen Pfade aus seiner alten Routine heraus zu bewegen und mehr Schwung in seinen Alltag zu bringen.

Kreativität am Arbeitsplatz

Kreativitätstechniken

Kreativität ist ansteckend, das bewies bereits eine österreichische Studie zu diesem Thema.
Deshalb sollten Firmen auch den Fokus auf Gruppenarbeiten setzen. Es motiviert und bringt gleichzeitig mehrere Ergebnisse, da alle Mitarbeiter an einem Strang ziehen und Ideenanreize eines Mitarbeiters, neue Einfälle eines anderen Mitarbeiters hervorbringen können.

Gewisse Kreativitätstechniken helfen hervorragend, um neue Denkansätze zu finden oder Lösungen für Probleme aufzustellen.
Beispielsweise bei der 6-3-5 Strategie: Es nehmen 6 Mitarbeiter an dem Projekt teil, weisen jeweils 3 Ideen vor und fassen diese in 5 Sätzen zusammen.
Außerdem kommen Mitarbeiter mit Hilfe von Brainstorming schneller auf einen grünen Zweig.
Mind Maps eignen sich dabei hervorragend, da die

visuelle Auflistung einen strukturierten Überblick verschafft und alles geordnet erscheint, sowohl auf der Tafel als auch im Gehirn des Mitarbeiters.

Ergebnisse aus dem Bereich der Neuroforschungen haben bewiesen, dass intensives Gedächtnistraining kreative Gedanken nachhaltig steigert. Durch dieses Training wird auch die Aufmerksamkeit und Konzentration gefördert, wodurch motivierte und merkfähige Mitarbeiter entstehen können.

Hilfreiche Tipps zum Thema Gedächtnistraining finden Sie auf der Webseite neuronation.de. Die Seite bietet ein effektives Lernprogramm, wo der Besucher perfekt angepasste Trainingsprogramme erhält und sukzessiv seine Merkspanne erweitern kann. So wie Sport den Körper fit hält, hält Gehirnjogging den Geist fit.

Brainstorming richtig angehen

Vor allem bei dieser Technik, verbunden mit seiner zahlreichen Ideenfindung und dem freien Assoziieren ist Kritik vollkommen unangebracht und Gift für das kreative Schaffen. Brainstorming will gelernt sein und sollte nicht weniger als aus fünf und nicht mehr als aus sieben Teilnehmern bestehen. Wenn erst einmal das Kritikverbot im Raum verhängt wurde und nicht mehr jede Idee unmittelbar beurteilt wird, kann sich auch der Introvertierteste in der Gruppe entspannen und sich auf das Projekt voll und ganz konzentrieren. Abwesenheitslose Beteiligung ist gefragt, denn andernfalls würde der Fluss des Brainstormings lediglich in eine Wissensrichtung fließen und schließlich bei einem Staudamm enden. Jedes Mitglied soll sich wohlfühlen und sein Know-How zum Thema beitragen dürfen und von sich auch aus wollen, damit aus dem Fluss ein mächtiger Wasserfall von Ideen entstehen und jede Barrikade niederreißen kann.

Weitere Formen des Brainstormings sind: „didaktisches Brainstorming“, „Brainwriting“ und „Brainwalking“.

Der Ideenspaziergang

Kennen Sie das, wenn Sie stundenlang an einem Projekt sitzen und Ihnen will nichts Passendes dazu einfallen? Es wird so lange gegrübelt, bis der Kopf wehtut und metaphorisch gesprochen, Rauch aus den Ohren austritt. Sie beschließen, es für eine Weile sein zu lassen und machen einen entspannten Spaziergang, doch dann macht es ZACK! und plötzlich kommt Ihnen die Idee. Sie sitzen stundenlang am Schreibtisch und verbeißen sich in das Projekt, doch die glänzende Erkenntnis kommt Ihnen während eines Spazierganges? Zufall denken Sie? Keineswegs!

Es ist nichts Neues, dass Sport, wie beispielsweise Aerobic, sich auf die geistige Leistung auswirkt. Doch wenn Sie plötzlich im Büro neben den Kollegen aufspringen und wie wild herumhüpfen, war es das dann wohl mit dem Ansehen und der Seriosität. Gott sei Dank wirkt ein Spaziergang für die Kreativität genauso effektiv.

Wollen Sie also für die Zukunft eine Aufgabe, welche Ihre 100%ige Aufmerksamkeit abverlangt, unbedingt erfolgreich meistern, wäre es also am effektivsten, vorher noch einen zehnminütigen Spaziergang einzulegen.
Generell würde es Sie wahrscheinlich weniger Denkaufwand kosten, wenn Sie von nun an zu Fuß zur Arbeit gehen oder einfach ein paar U-Bahn-Stationen früher aussteigen und sich die restliche Strecke gemütlich die Beine vertreten!

Die Kreativität macht Urlaub

Unser Gehirn ist nicht auf Dauerleistung konzipiert. Jeder 40-Stunden-Arbeiter sehnt sich früher oder später nach etwas Erholung. Zum Glück, denn das ist gut für die Kreativität!

Der Neurowissenschaftler David Strayer schickte von 56 Testpersonen die Hälfte für vier Tage in die Berge um sich zu entspannen, während der Rest die Zeit vor dem Computer verbringen musste. Nach Ablauf der vier Tage wurde ein Test durchgeführt der zeigte, dass die Urlauber um 50% bessere Testergebnisse vorlegten, als ihre Kollegen.
Die Quintessenz des richtigen Urlaub Machens ist, keine 14 Tage All inclusive Reisen zu unternehmen, sondern über das Jahr verteilt häufiger Kurzurlaube einzuplanen. Fahren Sie als Stadtbürger doch einmal für ein paar Tage aufs Land oder machen Sie einen Wellness Urlaub mit Ihren Liebsten. Bei einem vier bis fünf Tage Urlaub ist unser Gehirn genauso entspannt wie bei einem 14 Tage Urlaub, denn ab spätestens der Hälfte des Urlaubs tritt Langeweile ein und man befindet sich geistig schon

wieder zu Hause.

Deshalb sollte man sich seine limitierten Urlaubstage sinnvoll einteilen, um motivierter durch die Arbeitszeiten zu gehen.

Trainieren Sie sich kreativ!

Kennen Sie die 10.000 Stunden Regel? Kreativität ist ein Handwerk, das erlernt werden muss, am besten durch ständiges Wiederholen und Üben. Niemand kann über Nacht die neumoderne Reinkarnation Da Vincis werden und gleichzeitig keinen blassen Schimmer von Traktaten und Bildhauerei haben. Erfolg wird durch Übung ausgezeichnet, das beweisen auch die Nachrechnungen von Psychologen an der Hochschule der Künste in Berlin. Laut Angaben sollten Violinisten, die als potenzielle Solisten Anwärter galten, mehr als 10.000 Stunden über 10 Jahre verteilt geübt haben, mehr als ihre Kollegen, die weniger erfolgsversprechendes Talent vorwiesen. Doch nicht nur die Stunden waren

Grund für ihren Erfolg, die Violinisten begannen außerdem schon früh für ihren Erfolg zu trainieren. Ein typisches Beispiel für kreative Höchstleistungen war der österreichische Komponist Wolfgang Amadeus Mozart, der von seinem Vater schon im Alter von 4 Jahren vor das Klavier gesetzt wurde.

Abschließend lässt sich also sagen, dass Kreativität viel Übung und Fleiß erfordert und je früher man damit anfängt, desto besser!

Neugierig bleiben!

Das Fördern der eigenen Neugier kann für Sie in Zukunft ein Garant für eine erfolgreiche Jobkarriere sein! Ständig liest man in den Zeitungen etwas über Jobangebote, die motivierte, neugierige und problemlösungsorientierte Mitarbeiter suchen. Auch in der Vergangenheit gab es schon Studien zu dem Thema Neugier, die aufzeigten, dass Neugier die Prämisse für eine bessere Arbeitsleistung ist.

Laut Daniel Berlyne (1924-1976) gibt es jedoch zwei unterschiedliche Arten von Neugier: Die diversive und die spezifische Neugier.

Die diversive Neugier weist ein breites Spektrum auf und steuert nicht auf ein konkretes Ziel zu. Die Person ist vor allem wissbegierig und möchte etwas Neues lernen.

Bei der spezifischen Neugier möchte man eine Lösung für ein Problem finden.

Ein hohes Informationsinteresse seitens des Mitarbeiters kann also ein Kriterium für erfolgreiche Jobverhältnisse sein, und sowohl herausragende Qualität liefern, als auch die Kreativität fördern.

Kreatives Gift

Nachdem wir Ihnen aufgezählt haben, wie Sie durch verschiedene Methoden und Übungen Ihre Kreativität steigern können, wollen wir nun einen weiteren wichtigen Aspekt thematisieren – Faktoren, die Sie dabei bremsen Ihren Kreativitätsfluss zu steigern.

Oftmals ist es schwierig, seine kreative Ader zu entdecken. Uns fehlt es an Disziplin und wir leben in einem Trägheitszustand, der uns lieber auf die Couch und vor den Fernseher zerrt, als an den Schreibtisch oder vor die Leinwand. Wir schenken uns und unseren Talenten nur geringe Aufmerksamkeit und verfolgen egoistische Ziele, wollen reich werden und erfolgreicher sein, als unsere Nachbarn oder Arbeitskollegen. Die anderen um uns herum sind uns egal, die Welt und ihre Wunder der Natur ebenfalls und so stecken wir uns nur noch egoistische Ziele.

Aber auch, wenn ein gewisser Druck auf uns lastet, wie zum Beispiel Existenzprobleme und der Kampf ums nackte Überleben sind mitunter Gründe, warum wir unser Potenzial nicht entfalten können. Sie machen uns blind für das Schöne und Gute und zeigen uns nur, wie bitter und ungerecht das Leben sein kann. Finanzielle Probleme und der immer größer werdende Schuldenberg überfordern uns und mindern die Lebensqualität.
Überstunden und zu viele Projekte auf dem Arbeitsplan können uns überlasten und bewirken nur, dass wir krank werden und den Spaß an der Arbeit verlieren.

Zu guter Letzt ist es auch die mangelnde Selbstkenntnis, die unserem kreativen Schaffen im Wege steht. Wer sich selbst am besten kennt, weiß über seine Schwächen und Stärken Bescheid und kann damit Unglaubliches (er)schaffen. Viele von uns besitzen eine unbewusste Energie, die wir oft sinnlos verschwenden oder nur geringfügig nutzen. Nur wer der Welt und dem Leben nicht den Rücken zuwendet und sich Zeit für sich selbst nimmt, erkennt sein Potenzial und kann seiner Kreativität freien Lauf lassen.

Doch das ist noch lange nicht alles. Unten stehend gibt es weitere Faktoren, die Gift für den freien Lauf von kreativen Menschen sind. Versuche Sie, sich nicht von ihnen beeinflussen zu lassen, sondern bleiben Sie am Ball und bleiben Sie wachsam.

1. **Pauschalkritik**

   Die Pauschalkritik bedient sich hierbei der Generalmeinung und kritisiert pauschal alles, was neu und fernab etablierter Positionen und Meinungen ist. Wie Sie bereits gelesen haben, wurde Ignaz Semmelweis Opfer dieser Kritik, die zugleich seinen beruflichen und privaten Ruin bedeutete.

2. **Normen, Traditionen und Regeln**

Hier stoßen kreative Köpfe und Visionäre an die Grenzen der gesellschaftlichen Akzeptanz, da ihr Schaffen oder Tun nicht mit den allgemeinen Normen, Traditionen oder gesellschaftlichen Regeln konform gehen.

3. **Dramatisierung von Risiken und Gefahren**

Wer Neues wagt, wird oft von vielen Leuten mit einer überdramatisierten Warnung vor möglichen Gefahren oder Risiken gewarnt. Nicht wenige gehen den ihnen vorgegebenen Weg und übertreiben maßlos, da sie in Wahrheit selbst Angst vor einem alternativen Lebensstil oder kreativen Denkweisen haben.

4. Angriff auf persönlicher Ebene

Der verbale Angriff auf die Persönlichkeit ist der Eisberg der Kreativitätskiller. Menschen tun dies aus verschiedenen Gründen. Hierzu spielt Neid, Eifersucht oder ein generelles Unverständnis eine große Rolle.

Versuchen Sie sich von diesen Kreativitätskillern nicht aus der Ruhe bringen zu lassen. Handeln Sie nach Ihrem eigenen Wissen und Gewissen und ignorieren Sie die Nein-Sager.

Nur konstruktive und inhaltliche Kritik ist es wert, einen Gedanken daran zu verschwenden. Konstruktives Feedback kann Ihnen zum Beispiel helfen, sich zu verbessern und weiterzuentwickeln. Dekonstruktive Kritik, die insgeheim das Ziel hat, Sie und Ihre Arbeit zu degradieren, muss so gut es geht ignoriert werden.

Ein weiterer Teilaspekt, der sich negativ auf Ihre Kreativität auswirken kann, ist die eigene Selbstkritik. Man denkt, man schafft es nicht, man hat nicht das Zeug dafür oder gibt nach längeren Flauten einfach auf.

Aber am Ball zu bleiben ist wichtig, da Kreativität nicht einfach so vom Himmel fällt. Aus diesem Grund können Sie sich an folgenden Tricks orientieren:

Tricks gegen den inneren Kreativitätskiller:

1. Stehen Sie zu sich selbst

Orientieren Sie sich nicht an anderen, sondern nur an sich selbst. Stehen Sie zu sich selbst, Ihren Stärken und Schwächen und vermeiden Sie es, "den Großen" gleich zu tun. Vorbilder und Idole zu haben ist gut aber weder Sie, noch andere wollen eine geklonte Version eines großen Künstlers.

2. Perfektion existiert nicht

Ein weiterer wichtiger Punkt ist es, seine zu hohen Ansprüche nach unten zu schrauben. Natürlich will sich jeder immer verbessern oder noch mehr aus sich raus holen. Wer allerdings perfektionistisch veranlagt ist, wird schnell merken, dass diese Sucht nach dem Optimum nirgendswo hinführt.

Bei vielen Arbeiten reichen 80 % locker aus. Leute die immer 110 % geben investieren zu viel Zeit in Feinheiten, die weder ihnen selbst, noch anderen wirklich auffallen.

Sparen Sie sich Ihre Energie und schrauben Sie die Ansprüche etwas herunter.

3. Trauen Sie sich etwas zu Ende zu bringen

Vielen Künstlern und Menschen im kreativen Bereich fällt es oft schwer ihre Arbeit fertigzubringen, da sie insgeheim Angst vor der Kritik und der Ansicht anderer haben. Das muss nicht sein. Wenn ein Projekt, eine Arbeit, ein Gemälde oder eine Theorie fertig ist, dann ist sie das. Trauen Sie sich einfach zu sagen "Es reicht" und auch zu den Dingen zu stehen, die Sie schlussendlich nicht gemacht haben.

4. Fehler sind die Möglichkeit etwas neues auszuprobieren

Fehler macht jeder, auch wenn das nicht immer schön ist und manchmal auch unangenehm sein kann. Aber man muss versuchen, in jedem Fehler den man gemacht hat, etwas Positives für die Zukunft mitzunehmen.

Jeden Fehler den Sie heute machen, kann ein Wegweiser für zukünftige Projekte sein bei denen Sie etwas Neues ausprobieren können. Sie sind zudem ein Ansporn, um sich für andere Projekte kreative Lösungen einfallen zu lassen.

Sehen Sie jeden Fehler als Chance etwas Neues zu entdecken.

5. Befreien Sie sich von inneren Stressfaktoren

Im kreativen Bereich ist es wichtig, sich selbst nicht unter Druck zu setzen und vom inneren Stress loszulösen. Sagen Sie sich nicht:“ Wenn ich das jetzt nicht ordentlich hinbekomme, dann schmeiß ich alles hin.“, sondern „Wie könnte ich dieses Problem jetzt kreativ lösen."

Machen Sie sich auf gar keinen Fall Druck, das hemmt Leistung und Kreativität.

6. Der Weg ist das Ziel

Der Prozess, indem etwas Neues entsteht ist etwas Einzigartiges und Schönes. Versuchen Sie den gesamten Prozess, die Bearbeitung, das Überlegen, das Zeichnen oder Schreiben zu genießen. Schlussendlich sollten kreative Arbeiten Ihnen ein gutes Gefühl vermitteln und nicht zwingend nur für andere gemacht werden.

Das Flow Erlebnis

Profisportler erleben es während des Laufens und Bestsellerautoren schwören darauf – das Flow Gefühl.
Wer seine Arbeit liebt, macht diese auch gut. Geld ist zwar ein wichtiger Aspekt, doch ohne Freude an dem, was man (er-)schafft, wird man nie vollständig mit sich und seinem Leben zufrieden sein und seinen Beruf möglicherweise als eine lästige Pflicht ansehen.

Das Flow Gefühl in der kreativen Schaffungsphase herbei zu erzwingen ist unmöglich. Finden Sie eine Beschäftigung, die in Ihrem Leben eine Bereicherung darstellt. Sie soll Ihnen Freude bereiten und Sie begeistern, dabei muss Ihnen diese Aktivität nicht einmal zwingend Geld einbringen.
Doch wie erkennt man nun, ob man sich selbst gerade im Flow Zustand befindet?

Ich zeige Ihnen hier nun 5 Erkennungsmerkmale, die den Flow Zustand beschreiben:

Handlung = Kompetenz

Zu Beginn ist es wichtig zu wissen, dass die Aufgabe die eigenen Fähigkeiten nicht übersteigen darf, da man sich sonst schnell überfordert und gestresst fühlt. Außerdem können sich Gefühle des Misserfolges breitmachen. Im Gegenzug darf aber auch die Herausforderung nicht unter dem Niveau liegen, da ansonsten schnell Langeweile entsteht. Die Aufgabe und die eigene Kompetenz müssen also stets im Gleichgewicht sein, damit ein Flow Gefühl entsteht.

Den Fokus auf das Ziel richten

Ein Schriftsteller hat während des Schreibens bereits den Entwurf für das nächste Kapitel im Kopf und auch der Profiläufer weiß, wie er seine Kraftreserven dementsprechend dossieren muss, um für den Endspurt noch einmal alles aus sich herausholen zu können. Menschen die sich im Flow befinden, haben immer den nächsten Schritt vor Augen und steuern geradewegs auf ein Ziel zu. Dabei kann es sich um eine tatsächliche Ziellinie handeln wie im Laufsport, um ein fertiges Gedicht oder um eine Symphonie. Unsicherheiten sind hier fehl am Platz. Ein Komponist weiß, wann eine Melodie gut klingt und auch der Sternekoch vergisst nicht auf seine wichtigste Zutat, die das Gericht perfekt abrundet.

Menschen im Flow Zustand wissen über ihre Leistungen Bescheid und sind zugleich ihre größten Kritiker.

Ablenkungen ausblenden können

Abschweifende Gedanken und eine mangelhafte Aufmerksamkeit können Gift für das Flow Erlebnis sein. Eine Rohfassung für ein potenzielles Bestsellerbuch, welches genial beginnt, kann schnell von einem frustrierten Autor, der nur seine

finanziellen Probleme im Kopf hat, in den Sand gesetzt werden. Oder wer kennt es nicht, das Sprichwort vom verliebten Koch, der das Essen versalzt?
Im Flow verschwendet man keine Gedanken an vergangene Probleme oder an Ängste und Sorgen, die weder jetzt, noch in der Zukunft auftreten müssen. Die Gedanken spielen sich im Hier und Jetzt ab!

Keine Zeit für Versagensängste

Im Flow gibt es keine Zweifel und Versagensängste existieren nicht. Dabei hat man zwar nicht die Kontrolle über die zukünftige Laufbahn seiner Leistungen und Werke, jedoch werden Gedanken über Misserfolge erfolgreich ausgeblendet.

Die Zeit, die wie im Flug verging

Stellen Sie sich vor, wie Sie sich Samstagabend auf Ihr Sofa setzen, mit einem Glas Wein auf dem Tisch und einem guten Buch in der Hand. Sie beginnen mit dem Buch in der Erwartung, es zumindest bis zur Hälfte zu schaffen, doch es fesselt Sie so sehr, dass Sie es in einem Zuge auslesen. Zufrieden schlagen Sie das Buch zu und blicken auf die Uhr, welche bereits nach Mitternacht anzeigt. Allmählich nehmen Sie die Umgebung um sich herum wieder bewusster war. Die Katze ist erschöpft vom Betteln nach Futter auf Ihrem Teppich zusammengebrochen und das Glas Wein vor Ihnen auf dem Tisch ist immer noch unberührt. Wie konnte die Zeit nur so schnell vorübergehen? Die Stunden kamen Ihnen vor wie Minuten und alles um Sie herum erschien Ihnen nur noch trivial und unbedeutend, was zählte, war die Geschichte des Buches. Fünf Stunden können einem vorkommen wie 5 Minuten, im Flow Zustand keine Seltenheit! Unser Zeitgefühl ist abhängig davon, was wir machen. Deshalb kann ein Arbeitstag im Büro uns oft wie eine Ewigkeit vorkommen und ein Treffen mit der besten Freundin viel zu schnell vorübergehen.

Fazit

Wer sich beim kreativen Schaffen im Flow Zustand befindet, ist nicht nur gedanklich vollkommen bei der Sache, sondern auch mit Herz und Seele. Die Zeit scheint bedeutungslos, der Alltag und seine Probleme trivial und Versagensängste gehören der Vergangenheit an. Finden Sie etwas, das Ihnen Freude bereitet und schaffen Sie Ihr eigenes kreatives Flow Gefühl!

Also: Laufen, schreiben, tanzen oder komponieren Sie einfach drauf los!

Genie oder doch nur Wahnsinn?

Die Stigmatisierung psychischer Krankheiten ist in Europa und der restlichen Welt immer noch sehr hoch. Jeder siebte Europäer leidet im Verlauf seines Lebens an schweren Verstimmtheiten und 7 % haben eine echte Depression.

Dieses Kapitel beschäftigt sich jedoch nicht mit Depressionen, sondern fokussiert sich auf eine Störung, die bereits früh im Leben beginnt.
Die Rede ist von der Aufmerksamkeitsdefizit-Hyperaktivitätsstörung, kurz ADHS. Dabei handelt es sich um eine Verhaltensstörung, die in der frühen Kindheit einsetzt und sich bis zum Erwachsenenalter hinziehen kann. Betroffene haben Schwierigkeiten damit, ihre Aufmerksamkeit zu regulieren und ihre Impulsivität zurückzuhalten.
In der Schule, wo Gehorsam und Ruhe zum Tagesprogramm gehören, werden Kinder oftmals mit Medikamenten, unter anderem Ritalin,

vollgepumpt, um den Unterrichtsverlauf nicht zu behindern.

Doch inwiefern hängt nun ADHS mit Kreativität zusammen?
Impulsivität und Unaufmerksamkeit können zwar in der Schule für Ärger und Stress sorgen, in Sachen Kreativität können diese Eigenschaften allerdings sehr nützlich sein.
Das Wegwandern („mind-wandering") der eigenen Gedanken vom Aktuellen zum Irrelevanten, kann zu neuen Einfällen führen und für ausgefallene Ideen sorgen.
Menschen mit ADHS sind zudem impulsiver und risikofreudiger, weswegen sie keine Hemmungen gegenüber neuen Situationen haben und neugieriger sind als ihre Mitmenschen.
Betroffene können sich außerdem viel besser auf etwas fokussieren und geraten schneller in einen flowähnlichen Zustand.

Kritik

ADHS ist eine heterogene Störung. Die Beeinträchtigung ist von Patient zu Patient unterschiedlich stark ausgeprägt und kann im Verlauf des Lebens abschwächen oder sich verstärken. Kognitive Leistungen können einmal besser, einmal schlechter funktionieren.

Bisher konnte in der Forschung noch kein konkreter Zusammenhang zwischen Kreativität und ADHS festgestellt werden, was vor allem daran liegt, dass es noch keine standardisierten Tests gibt, die Kreativität adäquat messen können, wie zum Beispiel bei der Intelligenzmessung. Qualitativ hochwertige Untersuchungen können zudem keine eindeutigen Ergebnisse liefern, inwiefern ADHS Patienten die besseren Ideenfinder sind.

Die Welt ist eine Bühne – Inspiration aus der Umgebung schöpfen

Auch wenn wir es oft nicht wahrhaben wollen, die Umwelt beeinflusst den Menschen ununterbrochen. Unser Unterbewusstsein genießt einen besonderen Einfluss, was unsere Kaufentscheidung betrifft. Doch das ist kein Geheimnis mehr, denn die Marketingtricks sind schon längst darauf ausgerichtet, dass der Konsument unbewusst zum Kauf gedrängt wird. Willkommen in der Gesellschaft des gläsernen Konsumenten, in der sogar unsere Gedanken nicht einmal mehr vor der Außenwelt verborgen werden können.

Ohne Einfluss von außerhalb würde unser Ideenreich in sich zusammenfallen. Besondere Menschen, die wir bewundern und denen wir unsere Aufmerksamkeit schenken, sind oft speziell

für kreative Denker eine Inspiration oder besser gesagt eine Muse.
Reisen erweitert den Horizont, egal ob auf sprachlicher, musikalischer oder künstlerischer Ebene – unsere Welt ist eine offen zugängliche Leinwand und verlangt von uns, einen künstlerischen Stempel zu hinterlassen und diese nicht durch Massenproduktionsstätten und Atomkraftwerken zu zerstören. Ein jeder der mit offenen Händen durch das Leben schreitet, wird beim Reisen fündig. Neue Kontakte zu den unterschiedlichsten Menschen offerieren einen Informationsinput und Zugang zu neuen Perspektiven, sowie Verbindungen zu Dritten, die einem Reisenden später einmal zu beruflichem und privatem Erfolg verhelfen können.

Jedoch fühlt sich nicht jeder wohl in fremden Ländern mit ihren Kulturen und Traditionen. Oftmals hat man auch Bedenken in Bezug auf Krankheiten und Kriege. Als Alternative bieten

Wissenszentren wie Fachhochschulen und Universitäten einem Künstler wertvolle Inspiration. Nirgendwo sonst findet ein so reger Wissensaustausch statt, wie in diesen Bildungsstätten.

Kommen wir abschließend noch zu dem wichtigsten Ort, welcher für Ihr kreatives Schaffen eine nicht unwesentliche Rolle spielt: Ihr Zuhause.
Achten Sie darauf, wie Sie Ihre eigenen vier Wände gestalten. Einrichtungsgegenstände können die Fantasie anregen, nostalgisch wirken und Erinnerungen hervorrufen oder aber jegliches kreatives Denken abwürgen.
Achten Sie für einen Moment auf Ihre Möblierung. Ist Ihre Denkerkammer vollgestopft mit Ramsch und Deko Schnick Schnack oder leben Sie minimalistisch mit Objekten, an denen Sie sich nach 20 Jahren immer noch erfreuen können?
Messie Wohnungen können Gift für einen strukturierten Kopf sein und ein Durcheinander

kann unterbewusst zu starke Aufmerksamkeit genießen.

Denken Sie nach, was zeichnet Sie aus? Wofür stehen Sie und wie können Sie Ihre Aufmerksamkeit steigern?

Haben Sie einen Fernseher? Fast jeder Durchschnittshaushalt besitzt mindestens eine Flimmerkiste. Doch Sie können auch diesen zu Ihren Gunsten nutzen und Vorteile daraus ziehen. In erster Linie können Sie den Fernseher als Entspannung zwischen den Arbeitseinheiten betrachten. „Transgression TV" oder auch Qualitätsfernsehen kann Ihnen sogar bei der Inspiration helfen. Es regt zum Nachdenken an und erweitert Ihren Horizont, außerdem ermöglicht es neue Denkansätze. Also weg mit dem sinnlosen Trash TV und nutzen Sie Ihre Pausen sinnvoll!

Aber Vorsicht, die Dosis macht das Gift!

Übertreiben Sie es nicht mit dem sinnlosen

Hineinstarren in die Röhre, denn auf Dauer schadet es Ihrer kreativen Ader und der Intelligenz.

Struktur im Alltag

Jetzt wo Sie wissen, wie Sie die Umwelt für sich nutzen können, machen wir uns an die Gestaltung des Alltags. Wenn Sie Ihre Aktivitäten in einem bestimmten Muster anordnen, können Ihre Hobbys zum kreativen Schaffen beitragen. Klavierspielen beispielsweise verhindert lineares Denken und regt die Bildung neuer Nervenzellen an. Sie essen meistens nur Fertiggerichte? Dann ab an den Herd und trainieren Sie Ihre Geschmacksknospen. Da ein Jeder von uns essen muss, ist kochen unumgänglich und durch gezielte und gesunde Ernährung können Sie gleichzeitig Ihre Neurogenese fördern.
Kreative Menschen finden meist selbst heraus, welche Aktivitäten zu ihnen passen und vor allem ist es wichtig zu erkennen, welcher Rhythmus für sie der Geeignetste ist. Sind Sie ein Morgenmensch

oder eine Nachteule?
Halten Sie sich an drei ausgewogene Mahlzeiten die sättigen oder bevorzugen Sie kleinere und dafür mehrere Snackpausen?
Kreative Menschen haben es selbst in der Hand, vorausgesetzt sie können sich ihren Tag zum größten Teil selbst gestalten.

Kreativität im Alter

Wir Menschen können unseren Alterungsprozess nicht aufhalten. Früher oder später ändert sich der Melanin Haushalt in den Haaren und auch die Haut ist nicht mehr so straff wie früher.
Die Angst vor dem geistigen Verfall und der kreativen Leistungen kann jedermann selbst besiegen und Alzheimer Erkrankungen vorbeugen. Dazu benötigt man nur etwas Training.
Niemand muss sich vor dem Älterwerden fürchten, denn auch große Künstler und Erfinder wie Benjamin Franklin und Michelangelo haben jenseits der 60 noch Atemberaubendes geschaffen. Auch das Guggenheim Museum wurde von Frank Lloyd Wright mit über 90 Jahren noch vollendet.

Fluide und kristalline Intelligenz

Im Hinblick auf Schnelligkeit, Kapazität und Informationsverarbeitung unterscheiden sich

unsere Gehirne nicht besonders von denen unserer Mitmenschen. Daher könnte auch der beste Neuroanatom keine besonderen Unterschiede zwischen Ihrem, meinem und Steven Hawkins Gehirn feststellen.
Auch diverse Tests haben bewiesen, dass wir ab einem bestimmten Punkt nicht mehr aufnahmefähig für Informationen sind.

Im Laufe unseres Lebens gibt es zwei Formen von Intelligenzen, die Alt und Jung voneinander unterscheiden. Die fluide und die kristalline Intelligenz.
Die fluide Intelligenz zeichnet sich vor allem durch schnelles Reagieren und Rechnen aus. Dadurch können wir uns in neuen Umgebungen besser zurechtfinden und Probleme effizienter und rascher lösen.
Diese Fähigkeiten besitzen wir von Geburt an und zeichnet sich am deutlichsten in den jungen Jahren aus, daher benötigen wir auch keine

Lernerfahrungen dafür. Für die fluide Intelligenz sind Areale wie der Temporallappen und präfrontale Cortex verantwortlich, welche ihre Leistungen im Alter jedoch verlieren.

Die kristalline Intelligenz zeichnet sich vor allem im späteren Drittel des Lebens aus. Sie ist geprägt von Lebenserfahrungen und Allgemeinwissen, welches wir uns über die Jahre aneignen.
Im Gegensatz zur fluiden wirken sich Lernprozesse auf die Bildung der kristallinen Intelligenz aus. Deshalb fällt es uns in der Regel im Alter einfacher, Urteile zu fällen und wir können uns sinnvollen Input besser und schneller merken, da wir schneller Verknüpfungen zu dem neu Erlernten herstellen. Außerdem werden wir vorsichtiger und das Verarbeitungstempo des Gehirns wird gedrosselt, Entscheidungen werden nach reiflicher Überlegung getroffen.

Nutzen Sie Ihre Lebenserfahrung um Ihre kreativen

Werke zu verbessern. Durch die im Leben entstandene Weisheit sind Sie selbst Ihr bester Kritiker. Sie erkennen, wenn die Leistung nicht Ihrer Kompetenz entspricht, und merken Fehler früher als in den jungen Jahren.
Die Art des Denkens ändert sich und somit auch die eigenen Ansichten und Perspektiven. Der Fokus fällt nun verstärkt auf die Qualität und nicht auf die Quantität. Wir werden vorsichtiger und überstürzen nichts. Durch das Wegfallen des Leistungsdrucks fühlen wir uns wohl und befinden uns auf einer entspannten Wellenlänge.

Use it or lose it!

Dieser Spruch passt zum Gehirn wie die Faust aufs Auge. Vor allem in den späteren Jahren ist eine effektive Gestaltung des Alltags wichtiger denn je. Senioren, die sich stundenlang nicht von der Couch bewegen und eine sinnlose Sendung nach der anderen sehen, werden ihre kognitiven

Kompetenzen früher oder später verlieren. Charlie Chaplin beispielsweise war bis zu seinem Lebensende kreativ und stelle mit 78 noch seinen eigenen Film auf die Beine.

Wer seinen Geist fit hält, dem steht laut Studien auch eine längere Lebenserwartung bevor. Je früher Sie mit dem Gehirntraining beginnen, desto besser. Das Internet und auch Bibliotheken haben eine unglaubliche Vielzahl an Büchern zum Thema mentales Training. Bauen Sie es in Ihren Alltag ein!

Oder versuchen Sie sich an die Vergangenheit zurückzuerinnern. Zum Beispiel, wenn Sie etwas über das Wahlergebnis in der Zeitung lesen. Denken Sie an Ihr erstes Mal, als Sie wählen gingen. Welchen Präsidenten oder welche Partei haben Sie damals gewählt?
Bleiben Sie am Ball und beginnen Sie mit dem Training, solange Sie geistig noch fit sind. Auch mit 80 ist es noch nicht zu spät. Sagen Sie der Demenz

und dem geistigen Abbau den Kampf an und schützen Sie sich davor, sich und die Welt um sich herum zu vergessen.

Schlusswort

Wie Sie gesehen haben, gibt es viele unterschiedliche Wege sich von seinem routinierten Mind-Set zu befreien und durch unterschiedliche Übungen seiner Kreativität, egal in welchem Feld, freien Lauf zu lassen.
Wichtig ist nur, dass man es will. Dass Sie sich ein Ziel setzen, Inspirationen aus dem Alltag zulassen, neue Wege gehen und stetig an dem eigenen Prozess arbeiten.

Kreativität ist nicht auf Künste limitiert. Jeder ist kreativ und hat das Zeug dazu, Neues zu schaffen und „outside of the box" zu denken. Egal ob es sich um die Lösung eines Problems, eine mathematische Gleichung oder eine Kurzgeschichte handelt. Kreativität ist ein Schlüssel, um neue Türen zu öffnen und Originelles und Neues zu schaffen. Kreativität macht das Leben bunter aufregender und vertreibt Langeweile. Sie kann einem grauen und eintönigen Alltag Spannung einhauchen und die Routine zum Abenteuer machen. Auch wenn sie uns vielleicht nicht reich und berühmt macht, kann sie uns das Leben versüßen.

Lassen Sie sich nicht vom Älterwerden verunsichern und gestalten Sie Ihr Leben so vielfältig und aufregend wie möglich. Durch das Sammeln von Erfahrungen kann man die besten Geschichten erzählen und andere Perspektiven einnehmen, die in der Kreativität von so immenser Bedeutung sind. Schrecken Sie nicht vor Kritik und Versagensängsten zurück, auch in den späteren Jahren kann man noch bedeutendes leisten, wie es uns einige Berühmtheiten gezeigt haben.

Halten Sie sich stets das Ziel vor Augen, wie Sie es beim Flow Gefühl bereits erfahren haben. Alles zu geben, wenn es darauf ankommt und mutig sein, wenn man es muss. Sie werden sehen, wie sich die Zeit im Eiltempo vorwärts bewegt und alles um Sie herum nur noch minimal wahrgenommen wird. Im Flow existieren weder Angst noch Zweifel.

Nur wer es quittiert, sein Leben als eine Aneinanderreihung von grauen Episoden zu sehen und anfängt es sich bunt zu malen, hat den Sinn hinter der Kreativität verstanden!

Rechtliches und Impressum

 Der Inhalt dieses Buches wurde mit großer Sorgfalt recherchiert und überprüft. Trotz allem übernimmt der Autor keine Gewähr für die Aktualität, Richtigkeit und Vollständigkeit der enthaltenen Informationen.
Haftungsansprüche gegenüber dem Autor, welche sich auf Schäden gesundheitlicher, materieller oder ideeller Art beziehen und die durch die Nutzung oder auch Nichtnutzung der enthaltenen Informationen oder durch die

Nutzung fehlerhafter oder unvollständiger Informationen verursacht worden sind, sind grundsätzlich ausgeschlossen.

Dieses Buch ersetzt keine medizinische Beratung oder Betreuung. Dieses Buch verweist auf Inhalte Dritter.

Hiermit erklärt der Autor ausdrücklich, dass zum Zeitpunkt der Linksetzung keine illegalen Inhalte auf den verlinkten Seiten vorzufinden war. Auf die verlinkten Seiten und Inhalte hat der Autor keinen Einfluss und distanziert sich hiermit ausdrücklich von sämtlichen Inhalten der verlinkten Seiten, die nach der Linksetzung hinzugekommen sind. Für die illegalen fehlerhaften oder unvollständigen Inhalte und speziell auch für Schäden, die aus der Nutzung oder Nichtnutzung solcher dargebotenen Information entstehen, haftet alleine der

Anbieter der Seite, auf welche verlinkt wurde, nicht aber der Autor dieses Buches.

Quellen:

Hansen, Hartwig (Hg.) (2007). Besser Denken. Heidelberg: mvgVerlag

Ashton, Kevin (2016). Wie man ein Pferd fliegt. München: Carl Hanser Verlag

Csikszentmihalyi, Mihaly (2010). Kreativität, 8. Auflage. Stuttgart: Klett Cotta

Birkenbihl, Vera F. (2002/2007). ABC-Kreativität, 4. Auflage. Kreuzlingen/München: Heinrich Hubendubel Verlag

https://karrierebibel.de/kreativitaetstechniken/

http://www.huffingtonpost.de/2014/06/13/kreativ-sein_n_5491686.html

http://www.kreativesdenken.com/artikel/tipps-gegen-perfektionismus.html

https://www.dasgehirn.info/grundlagen/das-gehirn-im-alter/weise-greise

https://www.dasgehirn.info/aktuell/frage-an-das-gehirn/kann-uns-die-gestaltung-des-arbeitsplatzes-kreativer-machen

https://www.hein.eu/hein-blog-industrieschilder-und-mehr/so-steigern-siekreativitaet-und-produktivitaet-im-buero--blog.html

https://www.srf.ch/sendungen/puls/die-kraft-der-maschen

https://de.wikipedia.org/wiki/Kreativit%C3%A4t

http://www.spiegel.de/wissenschaft/mensch/psychologie-studie-froehliche-musik-soll-kreativitaet-wecken-a-1166495.html

https://blogsheet.info/tipps-zu-kreativitaet-und-ideenfindung-teil-2-4357

https://blogsheet.info/selbsterfuellende-prophezeiung-du-bekommst-was-du-erwartest-17153

https://www.neuro-programmer.de/mentaltraining-2/visualisierung/

https://www.zeitblueten.com/news/visualisieren-der-ziele/

1. Auflage

Claudia Mackinger, Löschenkohlgasse 6/13, 1150 Wien

Covergestaltung: Katja Sax

Coverfoto: designed by Freepik

Printed in Poland
by Amazon Fulfillment
Poland Sp. z o.o., Wrocław

71283969R00066